VIELSEITIGE REZEPTE MIT
SCHOKOLADE

VIELSEITIGE REZEPTE MIT SCHOKOLADE

Hélène Leroy

KARL MÜLLER VERLAG

Konzeption: Anne Dendry
Redaktion: Jacques Mermans
Layout: Sandra Maes
Gestaltung: Lieve Boumans
Rezeptfotos: Diapress

Die Rezepte in diesem Buch wurden mit aller Sorgfalt zusammengestellt. Eine Garantie kann jedoch nicht übernommen werden. Der Verlag schließt eine Haftung für etwaige Personen-, Sach- und Vermögensschäden aus.

© De Ballon, Belgien
© der deutschsprachigen Ausgabe: Karl Müller Verlag, Danziger Straße 6, D- 91052 Erlangen
Alle Rechte vorbehalten.
Kein Teil des Werkes darf in irgendeiner Form (durch Fotokopie, Mikrofilm oder ähnliches Verfahren) ohne die schriftliche Genehmigung des Verlages reproduziert oder verbreitet werden oder unter Verwendung elektronischer Systeme verarbeitet, vervielfältigt oder verbreitet werden.
Titel der Originalausgabe: Le chocolat, les douces recettes
Übertragung aus dem Französischen: Dominika Buchmann
Lektorat: Aliya Bohnsack
1 2 3 4 5   02 01 00 99 98

Inhalt

Einführung	10-12
Grundtechniken	13-15
Kekse und andere süße Versuchungen	16-27
Kuchen und Soufflees	28-37
Törtchen und Torten	38-49
Kalte Nachspeisen	50-59
Warme Nachspeisen	60-67
Spezialitäten für besondere Anlässe	68-73
Warme Getränke	74
Soßen	75
Wissenswertes über Schokolade	76
Register	77

Einführung

Schokolade: Himmlische Speise oder unwiderstehliche Süßigkeit?

Die Geschichte der Schokolade beginnt schon in grauer Vorzeit. Vor mehr als 2000 Jahren bauten die Indianer Kakaobohnen in der Nähe des Äquators an. Etwa um 600 n. Chr. brachten die Mayas die Bohnen ins heutige Mexiko. Der erste Europäer, der die Schokolade entdeckte, war wahrscheinlich Christoph Kolumbus. Er war sehr beeindruckt, als er in Nicaragua Eingeborene beobachtete, die die Bohnen zur Zubereitung eines Getränkes verwendeten, aber auch als Zahlungsmittel einsetzten.
Als die Spanier im Jahre 1519 unter der Führung von Cortez zur Eroberung der Neuen Welt aufbrachen, lernten sie bei Montezuma, dem Aztekenherrscher ein eigenartiges, mit sehr viel Aufwand und Pracht serviertes Getränk kennen. Cortez nahm die Kakaobohnen und die Rezepte mit nach Hause und stellte sie am Spanischen Hof vor. Verfeinert mit Zucker und Vanille, konnte man den Siegeszug dieses Getränkes nicht mehr aufhalten. Spanien verlegte sich in seinen überseeischen Kolonien auf den Kakaoanbau, die Rezepte wurden gehütet wie ein Schatz. Sogar im Mutterland entstanden Fabriken, die die Bohnen verarbeiteten.
Anfang des 16. Jh. brachte ein Italiener das Rezept nach Italien, von da aus eroberte der Kakao ganz Europa. Nach Venedig verfiel auch Paris dem Charme dieser neuen Süßigkeit und in London wurden neben Teestuben und Kaffeehäusern auch Häuser eröffnet, in denen man ausschließlich Schokolade servierte. Erst in der zweiten Hälfte des 17. Jh. wurden Schokoladentafeln hergestellt, deren Beliebtheitsgrad aber auf Grund ihrer sehr grobkörnigen Konsistenz noch nicht sehr hoch war.
Diese Sache änderte sich, als der Niederländer Van Houten ein Verfahren entwickelte, mit dem ein großer Teil der flüssigen Kakaobutter den Bohnen entzogen werden konnte. 20 Jahre später mischte der Engländer Fry die zerstoßenen Bohnen mit Zucker und mehr Kakaobutter und erzielte so einen Schokoladenriegel von sehr guter geschmacklicher Qualität. Der Schweizer Nestlé fügte im Jahr 1875 der Schokolade Kondensmilch hinzu: die Milchschokolade war geboren. Fünf Jahre später verfeinerte Lindt diese Mischung noch, das Ergebnis waren feine, schmackhafte Schokoladenriegel. Weiße Schokolade gibt es erst seit dem Zweiten Weltkrieg.

Von der Kakaobohne zum Schokoladenriegel

In der Mitte des 18. Jahrhunderts nannte der schwedische Botaniker Carl von Linné den Baum, der den Ausgangsstoff für Kakao und Schokolade lieferte, *Theobroma cacao*. Diese Bezeichnung stammt aus dem Griechischen und bedeutet so viel wie „Speise der Götter".

Das Herkunftsland, das kann Brasilien, der Äquator, die Elfenbeinküste oder Madagaskar sein, bestimmt eindeutig den Geschmack. Die fermentierten Bohnen werden gewaschen, getrocknet und gesiebt, bevor sie geröstet und zu einer dicklichen Masse verarbeitet werden. Zum Schluss wird die flüssige Masse in Kakaobutter und festen Kakao getrennt, die die Ausgangsprodukte für die Schokoladenherstellung bilden. Kakao, Zucker und Kakaobutter werden in veränderlichen Anteilen gemischt, auch kommen Milch, Vanille oder andere Zutaten hinzu. Die Mischung wird zu einer homogenen Masse verarbeitet und mehrere Stunden bei einer bestimmten Temperatur ständig gerührt. Nach diesem Arbeitsgang ist die Schokolade samtig weich und kann temperiert und in Form gebracht werden.

Abbildung oben links: Ein Kakaostrauch trägt große Früchte, die Kakaoschoten.
Abbildung unten: Jede Kakaoschote enthält, eingebettet in weißem Mark, etwa 40 Bohnen oder Samen.
Abbildung oben rechts: Die Bohnen werden gewaschen und getrocknet, bevor sie vom Schokoladenhersteller nach dem gleichen Prinzip wie Kaffeebohnen geröstet werden. Sie werden geschält und zu einer feinen Kakaomasse vermahlen. Diese bildet das Ausgangsprodukt für die Schokoladenherstellung.

Schokoladensorten

Schokolade ist nicht gleich Schokolade. Diese auserlesene Süßigkeit gibt es in unzähligen Variationen, von denen jede ihren eigenen Geschmack besitzt. Letztlich ist gute Schokolade das Ergebnis ihrer Komposition, der Qualität und dem Ursprung der Zutaten ebenso wie der Herstellungsweise. Die Bitterkeit einer Schokolade wird vom Kakaogehalt, bzw. dem Verhältnis der Zutaten, die aus Kakao weiterverarbeitet wurden, bestimmt. Der Kakaogehalt einer Schokolade kann zwischen 30 und 70 % schwanken. Eine Schokolade mit 70 % Kakaogehalt hat höchste Güteklasse.

Koch-Schokolade
hat 100 % Kakaogehalt. Sie enthält keinen Zucker oder zusätzliche Kakaobutter. Sie wird nur für gewerbliche Zwecke hergestellt und ist im Handel praktisch nicht erhältlich. Als Alternative kann man drei Teile Kakaopulver und einen Teil Butter mischen.

Kuvertüre
enthält mehr Kakao als normale Schokolade und ist daher besser geeignet für die Herstellung von Süßigkeiten. Diese Schokolade wird hauptsächlich von Konditoren verwendet und ist nur in speziellen Geschäften erhältlich.

Block- oder Bitterschokolade
hat einen sehr ausgeprägten Geschmack. Die gehärtete, flüssige Schokolade, die nach dem Rösten und Zerstoßen der Bohnen entsteht, ist Schokolade in ihrer einfachsten Form. Sie wird mit Zucker und eventuell noch etwas Vanille abgerundet.

Milchschokolade
ist eine sehr zarte Schokolade, die mit Kondensmilch oder Milchpulver zubereitet wird.

Weiße Schokolade
ist eigentlich keine Schokolade. Sie enthält keine flüssige Schokolade. Sie wird nur mit Kakaobutter, Kondensmilch, Zucker und Vanilleextrakt hergestellt.

Kakao
erhält man, wenn der flüssigen Kakaomasse die Kakaobutter entzogen wird. Gemahlen und gesiebt ist Kakao vielseitig einsetzbar. Man kann beispielsweise Trüffel darin rollen, damit sie nicht aneinander kleben.

Kakao-Instantpulver
ersetzt das in Wasser oder kalter Milch schwer lösliche Kakaopulver. Bei der Herstellung werden Zucker, Lecithin und Emulgatoren zugesetzt.

Grundtechniken

Allgemeine Hinweise

Schokolade ist der ideale Ausgangsstoff für die Zubereitung von Süßspeisen, mit ihr kann man seiner Fantasie freien Lauf lassen. Um ein optimales Ergebnis zu erzielen, sind einige Grundregeln einzuhalten: Schokolade sollte auf keinen Fall unter direkter Wärmeeinwirkung oder zu großer Hitze verarbeitet werden.

Schmelzen

In den meisten Rezepten wird flüssige Schokolade verwendet, nicht nur wenn ein dekorativer Schokoladenüberzug oder Figürchen hergestellt werden sollen. Hier einige Vorschläge zum Schmelzen der Schokolade.

Im Wasserbad:
Das Schmelzen im Wasserbad ist die klassische und gebräuchlichste Methode. Hierfür gibt es Spezialtöpfe, es eignet sich aber auch ein tiefer, hitzebeständiger Teller, der über einen Topf mit kochendem Wasser passt. Der Teller mit der Schokolade darf nur mit dem Dampf und nicht mit dem kochenden Wasser in Berührung kommen. Die Schokolade in kleine Stücke brechen und langsam schmelzen. Die Hitze zurückdrehen, sobald sie zu fließen beginnt.

In der Mikrowelle:
Das Schmelzen in der Mikrowelle ist praktisch und sicher. Die Schokolade in Stücke brechen und in einen Glasbehälter ohne Deckel geben. Pro 100 g Schokolade rechnet man 2 Minuten. Gut verrühren und prüfen, ob die Schokolade restlos geschmolzen ist.

Direkt auf der Wärmequelle:
Auf diese Methode sollte man nur zurückgreifen, wenn andere Zutaten, wie Milch, Butter oder Sahne, zusammen mit der Schokolade verarbeitet werden. Ist die Schokolade flüssig, den Topf vom Herd nehmen.

Temperieren

Bei dieser Technik, die hauptsächlich Konditoren verwenden, wird die Kuvertüre sehr langsam geschmolzen und bekommt nach dem Erstarren einen besonders schönen, seidigen Glanz.
Verfahren Sie folgendermaßen: Die Schokolade in Stücke brechen und im Wasserbad oder in der Mikrowelle schmelzen. Zwei Drittel der Schokolade auf eine Marmorplatte gießen, ein Drittel zurückbehalten. Die geschmolzene Kuvertüre solange mit einem Spatel bearbeiten, bis sie dickflüssig ist. Weiter bearbeiten und unter das zurückbehaltene Drittel Kuvertüre mischen. Mit einem Kochlöffel kräftig rühren. Die Kuvertüre kann jetzt weiterverarbeitet werden.

Garnierungen

Späne:
Die Schokolade mit Alufolie umwickeln, damit sie nicht durch die Wärme der Hand schmilzt. Zum Reiben eine normale Haushaltsreibe verwenden, sollen die Späne größer sein, nimmt man einen Schäler. Auch eine Küchenmaschine eignet sich zum Reiben.

Röllchen:
Die Schokolade schmelzen und mit einem Spatel auf einer Marmorplatte verstreichen und kleine Röllchen formen. Dabei sehr zügig arbeiten, da die Schokolade sehr schnell erstarrt. Den Spatel leicht schräg ansetzen und mit Druck etwas zusammenschieben. Die Röllchen formen sich wie von selbst. Statt des Spatels kann man auch ein Käsemesser verwenden. Die Röllchen fest werden lassen, bevor sie weiterverarbeitet werden.

Fächer:
Genauso vorgehen wie bei den Röllchen, nur statt des Spatels ein sehr spitzes Messer verwenden. Die Messerspitze fest auf die Marmorplatte drücken, eine Vierteldrehung ausführen, dabei die Schokolade fächerartig zusammenschieben.

Blätter:
Für diese Technik haben sich besonders gut glatte Blätter bewährt, wie Lorbeer- oder Rosenblätter. Die Blätter zügig durch temperierte Kuvertüre ziehen, abtropfen lassen und zum Erstarren auf Pergamentpapier legen. Das Schokoladenblatt löst sich ganz leicht vom echten ab und weist alle Feinheiten des echten Blattes auf.

Figuren:
Temperierte Kuvertüre auf einem Pergamentpapier glatt streichen. Etwas anziehen lassen und mit Förmchen Figuren ausstechen. Man kann auch mit einem Messer kleine Quadrate oder Rauten ausschneiden.

Gespritzte Garnierungen:
Gewünschte Motive auf Pergamentpapier vorzeichnen, beispielsweise Blumen, kleine Herzchen oder Schmetterlinge. Einige Tropfen kaltes Wasser in die Kuvertüre geben, damit sie schneller anzieht. Die temperierte Kuvertüre in ein Tütchen aus Pergamentpapier gießen und die Spitze des Tütchens abschneiden. Die Spritztüte zu $2/3$ füllen, den oberen Rand umknicken und vorsichtig drücken. Zuerst die Konturen nachzeichnen, dann die Zwischenräume ausfüllen. Die Motive müssen vollständig erstarrt sein, bevor sie vom Pergamentpapier gelöst werden. Buchstaben werden nach dem gleichen Verfahren angefertigt.

Tütchen:
Eine dünne Schicht temperierter Kuvertüre in eine Tütenform geben. Die Form leicht hin und her drehen, damit sich die Schokolade gleichmäßig am Rand verteilt. Diesen Vorgang mehrmals wiederholen, bis das Tütchen die gewünschte Dicke erreicht hat. Erkalten lassen und die Schokoladentüte aus der Form lösen.

Kekse und andere süße Versuchungen

Ob zu einer duftenden Tasse Kaffee, einem heißen Tee oder zum Abschluss eines guten Essens, diese Kekse und Leckereien mit Schokolade sind immer ein Genuss. Wer kann da widerstehen?

Knusperkekse mit Schokolade

Ergibt etwa 20-22 Stück
Backzeit: 15 Minuten
Backtemperatur: 180 °C

Zutaten:

100 g Butter
100 g Zucker
1 Ei
100 g Haferflocken
1 EL Milch
150 g Mehl
½ EL Backpulver
175 g Zartbitterschokolade, gehackt
175 g Milchschokolade, gehackt
Butter für die Bleche
Kakaopulver zum Überpudern

1 Den Ofen auf 180 °C vorheizen. Zwei Backbleche buttern.
2 Butter und Zucker gut verrühren, Ei, Haferflocken und Milch einarbeiten.
3 Mehl und Backpulver über diese Mischung sieben und die Schokoladenstücke hinzugeben.
4 Mit einem Teelöffel kleine Teigkugeln abstechen und auf den gefetteten Blechen verteilen. Mit der Löffelrückseite etwas flach drücken.
5 Die Bleche in den Ofen schieben und die Kekse bei 180 °C backen, bis sie leicht aufgehen und goldbraun sind.
6 Auf einem Gitter erkalten lassen und vor dem Servieren mit Kakao bestäuben.

Walnussecken

Für 4 Personen
Backzeit: 30 Minuten
Backtemperatur: 180 °C

Zutaten:

60 g Zartbitterschokolade
80 g Butter oder Margarine
80 g Mehl
½ TL Backpulver
1 Prise Salz
2 Eiweiß
50 g Zucker
1 EL Vanillezucker
100 g Walnüsse
Butter für das Blech

1 Den Ofen auf 180 °C vorheizen. Die Schokolade in kleine Stücke brechen und in einen Topf geben. Butter hinzufügen und bei schwacher Hitze schmelzen.
2 Mehl, Backpulver und Salz in einer Schüssel mischen.
3 Eiweiß zu Schnee schlagen, nach und nach den Zucker zugeben.
4 Die geschmolzene Schokolade und den Vanillezucker vorsichtig unterheben.
5 Anschließend das Mehl hinzufügen.
6 Die Walnüsse fein hacken und ebenfalls dazugeben.
7 Ein Backblech buttern und den Schokoladenteig darauf verteilen. Mit einem Spatel glatt streichen.
8 Etwa 25 Minuten im vorgeheizten Ofen backen, bis sich die Ränder leicht vom Blech lösen.
9 Aus dem Ofen nehmen und abkühlen lassen. Den gebackenen Walnussteig in kleine Vierecke oder Rauten schneiden und servieren.

TIPPS: Die Walnussecken lassen sich leichter vom Blech lösen, wenn Sie es vorher mit Alufolie auslegen.
Mit Schokoladenglasur und einer Walnuss als Verzierung können Sie die Kekse noch verschönern.

Mandeltaler

Ergibt etwa 30 Stück
Backzeit: 10 Minuten
Backtemperatur: 180 °C
Außerdem benötigen Sie: einen Spatel

Zutaten:

⅛ l Crème fraîche (40 % Fett)
50 g Butter
100 g Zucker
½ TL Honig
150 g Mandeln, geschält
3 EL Mehl
1 Prise Ingwerpulver
50 g Orangeat
70 g Ingwer, kandiert
55 g Milchschokolade
150 g Zartbitterschokolade
150 g weiße Schokolade
Butter für die Bleche

1 Den Ofen auf 180 °C vorheizen. Zwei Backbleche buttern. Sahne, Butter, Zucker und Honig in einem Topf bei mittlerer Hitze erwärmen, bis der Zucker geschmolzen ist. Unter ständigem Rühren zum Kochen bringen. Den Topf vom Herd nehmen, Mandeln, Mehl und Ingwerpulver hinzufügen. Kräftig umrühren. Orangeat und den eingelegten Ingwer fein hacken zusammen und mit den Milchschokoladestückchen zugeben.
2 Mit einem Esslöffel kleine Kugeln abstechen und im Abstand von etwa 7,5 cm auf ein Blech setzen. Die Kugeln mit der Löffelrückseite flach drücken; vorher den Löffel in Wasser tauchen, damit der Teig nicht kleben bleibt.
3 Bleche 8-10 Minuten im Ofen backen, bis die Mandeltaler schön braun sind.
4 Inzwischen die dunkle und die weiße Schokolade in zwei Gefäßen im Wasserbad schmelzen. 5 Minuten abkühlen lassen, von Zeit zu Zeit umrühren.
5 Die Mandeltaler jeweils zur Hälfte schwarz und zur Hälfte weiß überziehen und mit dem Spatel glatt streichen. Mit der Schokoladenseite nach oben auf ein Gitter legen. Etwa eine Viertelstunde erkalten lassen.

Zimt-Schokolade Bögen

Ergibt etwa 30 Stück
Backzeit: 8 Minuten
Backtemperatur: 180 °C

Zutaten:

3 Eiweiß
60 g Zucker
45 g Kandiszucker, weiß
2½ EL Mehl
1½ EL Kakaopulver
1 Prise Salz
1 Prise Zimt
2 EL Crème fraîche
30 g Butter, flüssig
Butter für die Form

1 Den Ofen auf 180 °C vorheizen. Zwei Formen buttern und mehlen. Die Formen umdrehen, um das überschüssige Mehl zu entfernen.
2 Eiweiß und Zucker in einer Schüssel kräftig schlagen. Das Mehl über diese Mischung sieben, dann das Kakaopulver, eine Prise Salz und Zimt dazu geben. Sahne und Butter unterheben, gut vermischen.
3 Jeweils zwei Teelöffel des Teiges in die Form geben. Mit einem breiten Messer zu einem Kreis von 10 cm Durchmesser ausstreichen. Genug Zwischenraum lassen, da die Kekse stark aufgehen (nicht mehr als 4 Stück pro Form).
4 Im vorgeheizten Ofen 8 Minuten backen. Mit den Fingern prüfen, ob die Kekse fertig sind; es dürfen keine Abdrücke mehr sichtbar sein.
5 Das Gebäck mit einem Spatel aus der Form nehmen und auf einem Nudelholz abkühlen lassen, damit es die Bogenform bekommt.
6 So weiter verfahren, bis der Teig aufgebraucht ist. Die Bögen auf einem Gitter abkühlen lassen.

TIPPS: Die Zimtbögen bleiben etwa 10 Tage knusprig, wenn sie gleich nach dem Backen luftdicht aufbewahrt werden.
Die Bögen schmecken wunderbar zu Eis oder Mousse au chocolat.

Makrönchen

Ergibt etwa 50 Stück
Backzeit: 20 Minuten
Backtemperatur: 170 °C

Zutaten:

1 Eiweiß
1 Prise Salz
90 g Zucker
30 g Cornflakes
60 g Zartbitterschokolade, gerieben
Butter für das Blech

1 Den Herd auf 170 °C vorheizen. Das Eiweiß mit einer Prise Salz in einer sauberen, fettfreien Schüssel zu Schnee schlagen. Nach und nach den Zucker zugeben und weiterrühren, bis eine schöne, steife Eiweißmasse entsteht.
2 In einer zweiten Schüssel die leicht zerdrückten Cornflakes und die geriebene Schokolade mischen. Diese Mischung vorsichtig unter das Eiweiß heben.
3 Ein Blech buttern, mit einem Teelöffel kleine Kugeln von der Masse abstechen und auf dem Blech verteilen. In den vorgeheizten Backofen schieben und etwa 20 Minuten bei 170 °C backen.
4 Aus dem Ofen nehmen und auf einem Gitter erkalten lassen.

Trüffel

Ergibt etwa 30 Stück
Außerdem benötigen Sie:
etwa 30 Pralinenkapseln aus Papier

Zutaten:

125 g Zartbitterschokolade, gehackt
100 g Butter
1 Eigelb
100 g Puderzucker
1½ EL Mandeln, gemahlen
4 EL Kakaopulver
3 EL Kokosraspel

1 Die Schokolade im Wasserbad schmelzen. Vom Feuer nehmen, nach und nach Butter, Eigelb und Puderzucker zugeben. Rühren, bis die Butter vollständig geschmolzen ist. Dann die Mandeln einarbeiten.
2 Eine teelöffelgroße Kugel abstechen und mit beiden Handflächen zu einer runden Kugel formen, auf diese Weise die ganze Schokoladenmasse verarbeiten.
3 Kakaopulver und Kokosflocken jeweils in einem Teller bereitstellen. Die Trüffel entweder in Kakao oder Kokos wälzen, in Papierkapseln setzen und kühl aufbewahren.

Pralinen mit Kokoscremefüllung

Ergibt etwa 40 Stück
Vorbereitungszeit: 15 Minuten
Backzeit: 40 Minuten
Ruhezeit: 1 Nacht

Zutaten:

5 Blatt Gelatine
125 g Puderzucker
¼ l Wasser
125 g Kokosraspel
180 g Crème fraîche
1 EL Crème de cacao (Kakaolikör)
90 g Butter
100 g Milchschokolade
100 g Zartbitterschokolade
Mokkabohnen aus Schokolade oder Schokoladenstückchen

1 Gelatine in kaltem Wasser einweichen. Puderzucker und Wasser in einem Topf bei schwacher Hitze erwärmen. Solange rühren, bis der Zucker ganz geschmolzen ist. Kokosraspel zugeben und aufkochen. Leicht köcheln lassen, bis die Masse cremig wird. Dann die Sahne zugeben und weiterköcheln lassen, bis die Masse fest ist. Abkühlen lassen und den Likör und die Gelatine hineingeben.
2 Butter mit einem Kochlöffel in einer Tasse geschmeidig rühren und zur Kokosmasse geben, darauf achten, dass die beiden Zutaten die gleiche Temperatur haben. Über Nacht im Kühlschrank abkühlen lassen.
3 Am nächsten Tag aus der Masse kleine Kugeln oder Würfel formen. Ist die Masse noch nicht fest genug, etwa 15 Minuten in den Gefrierschrank legen.
4 Die beiden Schokoladensorten in getrennten Schüsseln im Wasserbad schmelzen. Die Trüffel mit einer Gabel zur Hälfte in helle und zur anderen Hälfte in dunkle Schokolade tauchen. Zum Erstarren auf ein Gitter setzen. Mit einer Mokkabohne oder einem Stückchen Schokolade verzieren. Erkalten lassen und an einem kühlen Ort aufbewahren.

Orangenmarzipan mit Schokolade

Ergibt etwa 12 Stück
Zubereitungszeit: 1 Stunde

Zutaten:

*100 g Puderzucker
2 EL Orangensaft
175 g Mandeln, gemahlen
abgeriebene Schale einer unbehandelten Orange*

Für die Glasur:
*150 g Zartbitterschokolade
1 EL Orangensaft
12 Cocktailspieße
1 Apfel oder eine Orange*

1 Den Orangensaft mit dem Puderzucker mischen. Gemahlene Mandeln hineingeben und verrühren bis eine glatte Masse entsteht. Abgeriebene Orangenschale dazugeben und nochmals durchkneten.
2 Kleine Marzipankartoffeln formen.
3 Schokolade mit einem Esslöffel Orangensaft im Wasserbad schmelzen. Gut verrühren.
4 Die Marzipankartoffeln auf Cocktailspieße stecken und zur Hälfte in die Schokolade tauchen. In einen Apfel oder eine Orange spießen.

Pfefferminzpralinen

Ergibt etwa 30 Stück
Zubereitungszeit: 1 Stunde

Zutaten:

250 g weiße Schokolade
⅛ l Crème fraîche
100 g Butter
2-3 EL Pfefferminzlikör

1-2 Tropfen Pfefferminzöl (Apotheke)
30 Pralinenkapseln aus Papier
60 g kandierte Engelwurz

1 Schokolade in Stücke brechen und im Wasserbad mit der Sahne schmelzen.
2 Vom Herd nehmen, nach und nach die Butter einarbeiten, dann den Alkohol. Solange rühren, bis die Masse ganz glatt ist.
3 Pfefferminzöl dazugeben und etwa 1 Stunde im Kühlschrank abkühlen lassen, jede Viertelstunde kräftig umrühren.
4 Mit dem Spritzbeutel und einer gezackten Tülle kleine Rosetten in die Pralinenkapseln spritzen. Engelwurz in kleine Stücke schneiden und die Pralinen damit verzieren.

TIPPS: Bewahren Sie die Pralinen im Kühlschrank auf.
Statt kandierter Engelwurz können Sie auch Orangenschale oder Mokkabohnen aus Schokolade nehmen.

Früchte mit Schokoladenglasur

Ergibt 24 Stück

Zutaten:

24 ausgewählte Früchte (Erdbeeren, Kirschen, Ananas, Weintrauben, Mandarinen- oder Orangenspalten)
120 g weiße Schokolade
120 g Zartbitterschokolade

1 Früchte waschen und gut abtrocknen. Auf ein Küchenpapier legen.
2 Weiße Schokolade im Wasserbad schmelzen. Solange rühren, bis sie ganz glatt ist. Vom Herd nehmen und unter ständigem Rühren erkalten lassen. Die Früchte oder Fruchtstücke zu einem Drittel in die Schokolade tauchen und auf ein Gitter legen. Den Schokoladenüberzug etwa 20 Minuten fest werden lassen.
3 Die dunkle Schokolade im Wasserbad schmelzen. Die Früchte nacheinander zu einem Drittel eintauchen, sodass die weiße Schokolade noch zum Teil sichtbar bleibt. Erkalten lassen und bald servieren.

TIPP: Sie können auch die eine Hälfte einer Frucht in dunkle Schokolade tauchen und die andere Hälfte in weiße Schokolade.

Kuchen und Soufflees

Der Duft eines selbst gebackenen Kuchens und das quälende Warten, bis man endlich den Backofen öffnen kann, sind nur freudige Vorboten beim Backen von Kuchen und Soufflees. Das eigentliche Vergnügen beginnt erst beim Kosten der kulinarischen Gaumenfreuden bei einer guten Tasse Kaffee oder einem heißen Tee.

Schokoladen-Nuss-Kuchen

Für 8 Personen
Backzeit: 30 Minuten
Backtemperatur: 180 °C
Außerdem benötigen Sie:
eine Springform (Durchmesser
20 oder 25 cm)

Zutaten:

200 g Schokolade
200 g Butter oder
Margarine
4 Eier
200 g Zucker
200 g Mehl
1 Beutel Backpulver
150 g Nüsse, gemahlen
30 g Butter für die Form

<u>Für die Glasur:</u>
100 ml Crème fraîche
150 g Zartbitterschokolade
3 EL Zucker
50 g Walnüsse

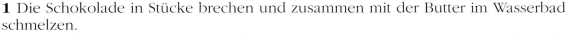

1 Die Schokolade in Stücke brechen und zusammen mit der Butter im Wasserbad schmelzen.
2 Die Eier zusammen mit dem Zucker etwa 10 Minuten in einer großen Schüssel zu einer weißlichen, cremigen Masse aufschlagen.
3 Schokolade, Mehl, Backpulver und gemahlene Nüsse mischen und vorsichtig unter die Eiermasse heben.
4 Den Teig in eine runde, gebutterte Form geben und den Kuchen bei 180 °C etwa 30 Minuten backen.
5 Die Schokolade im Wasserbad schmelzen und den Zucker zugeben. Den Topf vom Herd nehmen und die Sahne unterziehen.
6 Den Kuchen mit der Schokolade überziehen und mit Walnüssen garnieren.

Österreichischer Mandelkuchen

Für 10-12 Personen
Backzeit: 1 Stunde
Backtemperatur: 180 °C
Außerdem benötigen Sie: eine Kastenform (etwa 30 cm lang)

Zutaten:

*200 g Mandeln, gehackt
150 g Zartbitterschokolade
200 g Süßrahmbutter oder Margarine
200 g Zucker
6 Eier
125 g Instantmehl
2 EL Rum
200 g Kuvertüre
Butter und Semmelbrösel für die Form*

1 Die Mandeln mit der Küchenmaschine fein hacken (oder gehackt kaufen). Dunkle Schokolade grob reiben.
2 Den Ofen auf 180 °C vorheizen. Die Form buttern und mit Semmelbröseln ausstreuen.
3 Die Butter schaumig schlagen, nach und nach den Zucker zugeben. Die Eier trennen, ein Eigelb nach dem anderen in die Butter geben. Das Mehl darüber sieben, dann die gemahlenen Mandeln und die Schokolade unterrühren.
4 Eiweiß zu Schnee schlagen und unter die Masse heben, dann den Rum dazugeben.
5 Den Teig in die Form geben, die Oberfläche glatt streichen und bei 180 °C etwa 1 Stunde backen. Mit einer Stricknadel die Garprobe machen. Den Backofen abschalten und den Kuchen noch etwa 10 Minuten im Ofen lassen.
6 Aus der Form nehmen und auf einem Kuchengitter auskühlen lassen.
7 Die Kuvertüre im Wasserbad schmelzen und den Kuchen überziehen. Erkalten lassen.

TIPPS: Wenn Sie zusätzlich zum Rum noch etwas Orangenschale dazugeben, haben Sie gleich einen ganz anderen Geschmack.
Ist der Kuchen für Kinder, lassen Sie den Rum weg und tränken den Kuchen mit Orangensaft, bevor Sie ihn mit Kuvertüre überziehen.

Schokoladengugelhupf mit Vanillecremefüllung

Für 8-10 Personen
Backzeit: 40 Minuten
Backtemperatur: 200 °C
Außerdem benötigen Sie: eine Kranzform

Zutaten:

Für den Biskuit:
4 Eier, 175 g Zucker
125 g Mehl
3½ EL Kakaopulver
1 EL Butter, geschmolzen
Butter für die Form

Für die Creme:
4 Eiweiß
1 EL Zucker
200 ml Crème fraîche
100 ml Milch
½ Vanilleschote
2 Blatt Gelatine
40 g Zartbitterschokolade

Für die Garnitur:
Schokoladenröllchen
Puderzucker

1 Den Ofen auf 200 °C vorheizen. Die Eier mit dem Zucker aufschlagen bis eine weißliche Creme entsteht. Mehl und Kakao darüber sieben. Die geschmolzene Butter unterrühren.
2 Eine Kranzform buttern und den Teig hineingeben. Den Gugelhupf bei 200 °C etwa 40 Minuten backen.
3 Eiweiß mit Zucker zu Schnee schlagen. Sahne aufschlagen.
4 Die Milch mit der längs aufgeschnittenen Vanilleschote zum Kochen bringen und abkühlen lassen. Die Gelatine einweichen, abtropfen lassen und in die lauwarme Milch geben. Erkalten lassen, bis die Milch dicklich wird.
5 Mit einem Spatel das Eiweiß und die aufgeschlagene Sahne unter die Milch heben. Diese dicke Creme halbieren und in zwei Schüsseln verteilen.
6 Die Schokolade schmelzen und mit dem Inhalt der einen Schüssel mischen.
7 Den Gugelhupf mit einem Messer zweimal horizontal durchschneiden. Den Kuchen mit der weißen Creme füllen, dann außen mit der Schokoladencreme bestreichen. Mit Schokoladenröllchen und Puderzucker verzieren.

Marmorkuchen mit Sauerrahm

Für 8-10 Personen
Backzeit: 30 Minuten
Backtemperatur: 180 °C
Außerdem benötigen Sie: eine Kranzform (Durchmesser 20 cm)

Zutaten:

175 g Zartbitterschokolade
225 g Butter oder Margarine
225 g Zucker
4 Eier
1 TL Vanilleextrakt

½ TL Mandelextrakt
350 g Instantmehl
150 ml Sauerrahm
Puderzucker zur Dekoration

1 Die Schokolade in Stücke brechen und im Wasserbad schmelzen. Abkühlen lassen.
2 Butter und Zucker schaumig schlagen.
3 Ein Ei nach dem anderen, dann die Aromen und das Mehl hinzufügen.
4 Den Teig in zwei gleich große Teile teilen, in die eine Hälfte den Sauerrahm mischen, in die andere Hälfte die geschmolzene Schokolade.
5 Die Form buttern. Abwechselnd die beiden Teige löffelweise einfüllen und vorsichtig mit einem Löffel vermischen.
6 Bei 180 °C etwa eine halbe Stunde backen, bis der Kuchen goldbraun ist.
7 Vor dem Stürzen einige Minuten abkühlen lassen. Kurz vor dem Servieren großzügig mit Puderzucker bestäuben.

Schokoladenkuchen mit Sahnefüllung

Für 12 Personen
Backzeit: 75 Minuten
Backtemperatur: 160 °C
Außerdem benötigen Sie:
eine Springform (Durchmesser 20 cm)

Zutaten:

Für den Kuchen:
225 g Zartbitterschokolade, gehackt
5 EL Cognac oder Orangensaft
175 g Süßrahmbutter
175 g Zucker, fein, 4 Eier
150 g Instantmehl
½ TL Backpulver
4 EL Mandeln, gemahlen
Butter für die Form

Für die Füllung:
150 ml Crème fraîche (40 % Fett)
2 EL Puderzucker
100 ml Crème fraîche
40 g Mandeln, gestiftelt, geröstet

Für den Überzug (Ganache):
200 g Zartbitterschokolade, gehackt
200 ml Crème fraîche (40 % Fett)

Für die Dekoration:
Schokoladenröllchen (Rezept siehe Seite 14)

1 Den Ofen auf 160 °C vorheizen. Eine Springform buttern.
2 Die Schokolade mit Cognac oder Orangensaft im Wasserbad schmelzen.
3 Butter und Zucker schaumig schlagen, ein Ei nach dem anderen zugeben und die geschmolzene Schokolade unterrühren. Mehl und Backpulver darüber sieben und unterheben. Die Mandeln hinzufügen.
4 Den Teig in die Form geben und bei 160 °C etwa 75 Minuten backen. Abkühlen lassen und stürzen. Den Kuchen zweimal horizontal durchschneiden.
5 Die Sahne mit dem Puderzucker aufschlagen. Den zweiten Teil der Sahne und die gerösteten Mandeln unterrühren. Den Kuchen mit dieser Mischung füllen.
6 Für den Überzug die gehackte Schokolade mit der Sahne im Wasserbad erhitzen. Abkühlen lassen und solange schlagen, bis eine glatte Masse entsteht. Mit einem Spatel den Kuchen mit der Schokoladencreme überziehen.
7 Mit schwarzen und weißen Schokoladenröllchen verzieren.

Amerikanischer Walnusskuchen

Für 12 Personen
Backzeit: 35-40 Minuten
Backtemperatur: 180 °C
Außerdem benötigen Sie: eine Kranzform (Durchmesser 20 cm)

Zutaten:

Butter für die Form
200 g Zartbitterschokolade
75 g weiße Schokolade
125 g Milchschokolade
125 g Butter
125 g Walnüsse, grob gehackt
2 Eier
175 g Instantmehl

1 Die drei Schokoladensorten getrennt grob hacken. Den Ofen auf 180 °C vorheizen.
2 Die Zartbitterschokolade mit der Butter im Wasserbad schmelzen. Etwas abkühlen lassen, die Walnüsse und die schaumig geschlagenen Eier dazugeben.
3 Mehl darüber sieben und unterziehen. Milchschokolade und weiße Schokolade dazugeben.
4 Den Teig in eine gebutterte Form geben und bei 180 °C etwa 35 bis 40 Minuten backen. Den fertigen Kuchen 30 Minuten in der Form auskühlen lassen.
5 Auf ein Kuchengitter stürzen, in Stücke schneiden und servieren.

TIPPS: Eine Kugel Vanilleeis schmeckt zu diesem Kuchen wunderbar. Sie können aber auch eine Mangosoße dazu servieren: den Saft und das Fruchtfleisch von zwei vollreifen Mangos im Mixer pürieren und mit dem Saft einer Orange und zwei Esslöffel Zitronen- oder Limettensaft abschmecken.

Schokoladenkuchen mit Kirschcremefüllung

Für 10 Personen
Backzeit: 20 Minuten
Backtemperatur: 190 °C
Ruhezeit: 5 Stunden
Material: ovale Puddingform (1,2 l Inhalt)
Backblech 30 x 30 cm

Zutaten:

Für den Kuchen:
100 g Instantmehl
1 EL Kakaopulver
1 Prise Backpulver
125 g Süßrahmbutter oder Margarine
125 g Zucker, 2 Eier
4 cl Cognac

Kakao und Puderzucker für die Dekoration
Für die Füllung:
300 ml Crème fraîche
2½ EL Puderzucker
3 EL Haselnüsse, gehackt
250 g entsteinte Kirschen aus dem Glas
60 g Zartbitterschokolade, geraspelt

1 Den Ofen auf 190 °C vorheizen. Mehl, Kakao und Backpulver mischen. Butter, Zucker und die Eier aufschlagen. Alle Zutaten gut vermischen und den Teig auf ein Kuchenblech streichen. Bei 190 °C ca. 20 Minuten backen. Kuchen stürzen, erkalten lassen.
2 Die Puddingform auf den Kuchen legen und einen Kreis für den Deckel ausschneiden. Die Form mit Folie auskleiden und mit Kuchenabschnitten auslegen. Deckel und Kuchenabschnitte in der Form mit Cognac tränken.
3 Für die Füllung die Sahne mit dem Puderzucker steif schlagen. Haselnüsse, entsteinte Kirschen und die Schokolade zugeben. Mischung in die Puddingform geben.
4 Den Deckel auf die Puddingform legen. Die Form mit einem Teller abdecken und mit einem Gewicht beschweren. Etwa 5 Std. im Kühlschrank ruhen lassen.
5 Die Bombe auf eine Kuchenplatte stürzen, mit Kakao und Puderzucker bestäuben.

Italienischer Schokoladenkuchen

(ohne Backen)

Für 6 Personen
Zubereitungszeit: 20 Minuten
Abkühlzeit: 6 Stunden

Material: eine flache Form
(Durchmesser etwa 23 cm)

Zutaten:

1 Eigelb
1 Ei
120 g Zucker
45 g Zartbitterschokolade, gerieben
1½ EL Butter
1½ EL Haselnüsse, geröstet, gehackt
125 g Biskuits (gekauft), gebröselt
Butter für die Form

1 Eigelb, Ei und Zucker im Mixer schaumig schlagen, bis eine cremige Masse entsteht. Die geriebene Schokolade untermischen.
2 Die Butter im Wasserbad unter ständigem Rühren schmelzen, dann in die Eier-Zucker Masse geben. Diese Mischung zum Kochen bringen. Unter ständigem Rühren etwa 5 bis 10 Minuten andicken lassen und vom Herd nehmen.
3 Die gehackten Haselnüsse und die Biskuitbrösel hinzufügen.
4 Eine flache Form mit Backpapier auslegen und zusätzlich buttern. Die Masse in die Form geben und abkühlen lassen. Mindestens 6 Stunden in den Kühlschrank stellen.
5 Den Kuchen stürzen und vorsichtig das Papier abziehen.
6 Kleine oder große Stücke schneiden und mit leicht geschlagener Sahne servieren.

> **TIPPS:** Streuen Sie noch Schokoladenstreusel oder Schokoladenblättchen als letztes i-Tüpfelchen auf die Sahne.
> Sie können den Kuchen auch mit einem Schuss Rum oder Grand Marnier abschmecken.

Schokoladen-Mandel-Soufflee

Für 4 Personen
Backzeit: 40 Minuten
Backtemperatur: 190 °C
Außerdem benötigen Sie:
eine Souffleeform (1 l Inhalt)

Zutaten:

3 EL Zucker
75 g Milchschokolade
1-2 EL Butter
3 EL Mehl
300 ml Milch
1½ EL Mandeln, gehobelt
3 Eier, getrennt
50 g Zucker
1 Beutel Vanillezucker
Butter und Zucker für die Souffleeform
Kakaopulver und Puderzucker zur Dekoration

1 Die Form buttern, mit Zucker ausstreuen. Die Schokolade in Stücke brechen.
2 Die Butter in einem Topf schmelzen und das Mehl unterrühren. Vom Herd nehmen und unter ständigem Rühren die Milch hinzufügen. Den Topf wieder auf den Herd stellen und Mischung aufkochen lassen, dabei ständig umrühren. Temperatur zurückdrehen, geschmolzene Schokolade und die gehobelten Mandeln dazugeben.
3 Den Ofen auf 190 °C vorheizen.
4 Das Eigelb unter die Schokolade rühren. Eiweiß zu Schnee schlagen, nach und nach den Zucker und Vanillezucker zugeben. Die Schokolade vorsichtig unter den Eischnee heben, diese Mischung in die Souffleeform füllen.
6 Bei 190 °C etwa 40 Minuten backen. Das Soufflee aus dem Ofen nehmen und mit Kakao oder Puderzucker bestäuben.

Törtchen und Torten

Neben ausgefallenen, nicht alltäglichen Rezepten finden Sie in diesem Kapitel auch ganz klassische Rezepte. Weltweit bekannt ist die Sachertorte, die auch in diesem Buch einen besonderen Platz einnimmt. Auch gefüllte Miniwindbeutel sind – nicht nur bei Kindern – ein sehr beliebtes Dessert. Wem läuft nicht das Wasser im Mund zusammen beim Anblick der traditionellen Baiser- oder Himbeertörtchen?
Probieren Sie diese Rezepte doch einmal selbst aus!

Exotische Passionsfrucht-Schokoladen-Törtchen

Für 20 Tarteletts
Zubereitungszeit: 15 Minuten
Ruhezeit: 20 Minuten

Zutaten:

7-8 Aprikosen, getrocknet
2 EL Zitronensaft
20 süße Tarteletts, vorgebacken
10 Kirschen, kandiert

<u>Für die Füllung:</u>
400 ml Crème fraîche
3 Passionsfrüchte
110 g Zartbitter-
schokolade
1 EL Süßrahmbutter

1 Die getrockneten Aprikosen in Wasser und Zitronensaft einweichen, dann in kleine Würfel schneiden.
2 Die Passionsfrüchte aufschneiden und das Fruchtfleisch durch ein Sieb streichen. Das Fruchtpüree mit der Sahne in einem Topf langsam zum Kochen bringen. Inzwischen die Schokolade fein hacken.
3 Sobald Püree und Sahne kochen, die Hälfte der Schokolade dazugeben und umrühren, bis die Mischung dickflüssig ist. Den Rest der Schokolade zugeben und weiterrühren. Etwa 5 Minuten ruhen lassen, dann die Butter hineingeben, vorsichtig mischen.
4 Die Mischung etwa 20 Minuten in den Kühlschrank stellen, dann in einen Spritzbeutel mit gezackter Tülle füllen und Rosetten in die Tarteletts spritzen. Jeweils mit einem Würfelchen Aprikose und einer halben Belegkirsche garnieren.

TIPPS: Sie können die Tarteletts aber auch mit einem Streifen Zitronenschale oder einem Stück Orangeat verzieren.
Die Tarteletthböden können Sie ganz einfach aus gekauftem Teig herstellen. Die Förmchen buttern, den Teig in Vierecke schneiden und in die Förmchen drücken. Bei 200 °C etwa 4 bis 6 Minuten backen.

Schokoladentörtchen mit weißer Schokoladensoße

Für 4 Personen
Backzeit: 20 Minuten
Backtemperatur: 160 °C
Außerdem benötigen Sie: 4 kleine, runde Aluförmchen
(4 cm hoch, 8 cm Durchmesser)

Zutaten:

*4½ EL Mandeln, fein gemahlen
300 g Zucker
4 EL Kakao
2 EL Rum
2 Eigelb
4 Eiweiß
3 EL Mandeln, gehobelt und Haselnüsse, grob gehackt
etwas Puderzucker
Butter für die Form*

*Für die Soße:
100 ml Crème fraîche
50 g weiße Schokolade
1 EL Rum*

1 Die Aluförmchen buttern, mit fein gemahlenen Mandeln ausstreuen.
2 Zucker, Kakao, Rum, Eigelb und die restlichen gemahlenen Mandeln mischen. Eiweiß zu Schnee schlagen und ganz vorsichtig unter die anderen Zutaten heben.
3 Die Förmchen bis zum Rand füllen, bei 160 °C etwa 20 Minuten backen. Wenn die Oberfläche sich wölbt und etwas aufreißt, sind die Törtchen fertig.
4 Inzwischen die gehobelten Mandeln und die gehackten Haselnüsse in einer Pfanne rösten.
5 Für die Soße die Sahne langsam zum Kochen bringen, die weiße, gehackte Schokolade und den Rum hinzufügen, umrühren, bis die Mischung cremig wird.
6 Die Soße auf 4 Tellern verteilen und die Törtchen darauf setzen. Mit gerösteten Nüssen und Puderzucker bestreuen. Warm oder kalt servieren.

Miniwindbeutel mit Vanilleeis

Ergibt 20 Windbeutel
Backzeit: 20 Minuten
Backtemperatur: 220 °C

Zutaten:

*⅛ l Wasser
1 Prise Salz
50 g Butter
75 g Mehl
2 Eier
Butter für das Blech*

*Für die Soße:
100 g Zartbitter-
schokolade
3-4 EL Crème fraîche*

*Für die Füllung:
Vanilleeis*

1 Das Wasser mit einer Prise Salz zum Kochen bringen. Temperatur zurückstellen, Butter zugeben und schmelzen lassen. Das Mehl darüber sieben und kräftig mit einem Kochlöffel rühren, bis eine Teigkugel entsteht. Den Teig in einer Schüssel abkühlen lassen.
2 Ein Ei nach dem anderen unterrühren.
3 Ein Blech buttern, den Teig in einen Spritzbeutel geben und in ausreichendem Abstand kleine Kugeln aufspritzen.
4 Die Windbeutel bei 220 °C etwa 20 Minuten backen, bis sie goldbraun sind.
5 Nach dem Backen einige Minuten abkühlen lassen, ein kleines Loch in den Boden drücken und vollständig erkalten lassen.
6 Für die Soße die Schokolade mit der Sahne schmelzen.
7 Die Windbeutel mit Vanilleeis füllen, in Schokoladensoße tauchen und servieren.

TIPP: Statt mit Eis können Sie die Windbeutel auch mit Vanillecreme oder Schlagsahne füllen. Dazu verwenden Sie am besten einen Spritzbeutel.

Baisertörtchen mit Sahnefüllung

Ergibt 16 Stück
Backzeit: 15 Minuten
Backtemperatur: 200 °C
Außerdem benötigen Sie: 16 Gebäckkapseln aus Papier

Zutaten:

4 Eier
1 Prise Salz
200 g Zucker
1 EL Vanillezucker
120 g Mehl
1½ EL Maisstärke
1 TL Backpulver

<u>Für die Füllung:</u>
4 Blatt Gelatine
400 ml Schlagsahne
abgeriebene Schale einer ½ Zitrone

<u>Für die Glasur:</u>
200 g Zartbitterschokolade

1 Den Ofen auf 200 °C vorheizen. Die Eier trennen und das Eiweiß mit einer Prise Salz zu festem Schnee schlagen. Eigelb mit 3 Esslöffeln warmem Wasser schaumig schlagen. Zucker und Vanillezucker unter ständigem Rühren zugeben.
2 Mehl, Maisstärke und Backpulver mischen und zum Eigelb geben. Den Eischnee vorsichtig unterheben.
3 Die Förmchen auf ein Blech stellen und den Teig darin verteilen. Bei 200 °C etwa 15 Minuten backen. Abkühlen lassen.
4 Für die Füllung die Gelatine in kaltem Wasser einweichen. Die Sahne steif schlagen, geriebene Zitronenschale hinzugeben. Gelatine abtropfen lassen, in einem Topf bei schwacher Hitze auflösen und mit der geschlagenen Sahne verrühren.
5 Die Törtchen stürzen, die Mitte herausschneiden, mit der Sahne füllen und wieder in die Papierförmchen setzen.
6 Die Schokolade im Wasserbad schmelzen und die Törtchen damit überziehen.

Himbeer-Schokoladen-Törtchen

Für 8 Törtchen
Backzeit: 25 Minuten
Backtemperatur: 185 °C

Zutaten:

4 Eier
150 g Zucker
1 Prise Salz
100 g Mehl
100 g Maisstärke
50 g Kakaopulver
Butter für die Form

Für die Füllung:
5 cl Himbeerlikör
400 ml Crème fraîche
100 g Puderzucker
100 g Himbeerkonfitüre

200 g Himbeeren, frisch oder tiefgefroren

Für die Dekoration:
250 g Milchschokolade

1 Für den Biskuit die Eigelb mit dem Zucker und einer Prise Salz aufschlagen, bis eine weiße, dickliche Masse entsteht. Mehl, Maisstärke und Kakao durchsieben, nach und nach zum Eigelb geben. Eiweiß zu steifem Schnee schlagen und vorsichtig unter die anderen Zutaten heben. Eine große Form buttern und den Teig hineingeben. Bei 185 °C etwa 25 Minuten backen. Den Biskuit auskühlen lassen.
2 Mit einem Glas oder einem Ausstecher 16 kleine Kreise aus dem Biskuitboden ausstechen und mit etwas Himbeerlikör tränken.
3 Sahne mit dem Zucker aufschlagen.
4 8 kleine Biskuitscheiben mit Himbeerkonfitüre bestreichen, mit ein paar Himbeeren und etwas Schlagsahne verzieren. Eine zweite Biskuitscheibe darüber legen und mit der restlichen geschlagenen Sahne und den Himbeeren garnieren. Einige Stunden in den Kühlschrank stellen.
5 Die Schokolade im Wasserbad schmelzen. Auf eine kalte Marmorplatte oder eine andere Arbeitsplatte gießen und mit einem Spatel kleine Schokoladenspäne herstellen (S. 14). Die Törtchen damit garnieren.

TIPPS: Die Höhe des Biskuitbodens bestimmt die Größe der Törtchen. Ist der Biskuit sehr dick, schneiden Sie einmal horizontal durch.
Statt Milchschokolade können Sie auch weiße Schokolade verwenden.

Karamell-Schokoladentorte

Für 6 Personen
Backzeit: 30 Minuten
Backtemperatur: 210 °C

Außerdem benötigen Sie:
eine Tortenform: (Durchmesser 20 cm)

Zutaten:

125 g Mehl
60 g Süßrahmbutter
1 Eigelb
30 g Zucker
1 Prise Salz
Butter für die Form
Pergamentpapier und getrocknete Erbsen zum Blindbacken

<u>Für die Füllung:</u>
80 g Walnüsse
80 g Nüsse, gemischt
100 g Mandeln
150 g Zucker
100 ml Wasser
100 ml Sahne
250 g Zartbitterschokolade

1 Mehl, Butter, Eigelb, Zucker, eine Prise Salz und einen Esslöffel Wasser mit dem Mixer zu einem glatten Teig verarbeiten. 3 Stunden im Kühlschrank ruhen lassen.
2 Den Ofen auf 210 °C vorheizen. Teig ausrollen. Die Form buttern und den ausgerollten Teig hineinlegen.
3 Den Teig mit Backpapier abdecken und eine Hand voll getrocknete Erbsen darauf verteilen. 15 Minuten backen. Die Erbsen und das Papier abnehmen und den Boden nochmals 5 Minuten in den Ofen geben.
4 Walnüsse, Nüsse und Mandeln fein hacken. Den Zucker mit etwas Wasser in einem Topf zum Kochen bringen, solange kochen, bis der Zucker karamellisiert. Den Topf vom Herd nehmen und die gehackten Nüsse dazugeben. Gut umrühren und die Mischung auf dem Tortenboden verteilen.
5 Die Sahne in einem Topf kurz aufkochen, die Schokolade in Stücke brechen, in die Sahne geben und rühren, bis die Schokolade ganz geschmolzen ist. Vom Herd nehmen und etwas abkühlen lassen, dann auch auf dem Tortenboden verteilen.
6 Den Kuchen aus der Form nehmen, sobald die Schokolade fest geworden ist.

Sachertorte

Für 10 Personen
Backzeit: 75 Minuten
Backtemperatur: 180 °C
Außerdem benötigen Sie:
eine Springform (Durchmesser 25 cm)

Zutaten:

250 g Zartbitterschokolade, gehackt
200 g Zucker
150 g Butter
8 Eier, getrennt
1 Prise Salz
150 g Mehl
Butter für die Form
Für die Füllung:
2 cl Orangenlikör
250 g Aprikosenkonfitüre

Für den Überzug:
250 g Zartbitterschokolade
2 EL Wasser
100 g Zucker
75 g Butter

1 Die Schokolade für die Torte im Wasserbad schmelzen und erkalten lassen. Regelmäßig umrühren. Den Ofen auf 180 °C vorheizen.
2 Zucker und Butter schaumig schlagen. Aufgeschlagenes Eigelb und geschmolzene Schokolade hinzugeben. Das Ganze mit einer Prise Salz gut vermischen.
3 Mehl darüber sieben und vorsichtig unterheben.
4 Eiweiß zu Schnee schlagen und unterheben.
5 Eine Springform mit Backpapier auslegen, buttern und den Teig hineingeben. Die Oberfläche glatt streichen.
6 Etwa 75 Minuten backen, aus der Form nehmen und auf einem Kuchengitter auskühlen lassen.
7 Den Tortenboden mit einem Messer einmal horizontal durchschneiden.
8 Den Orangenlikör mit der Aprikosenmarmelade mischen, etwas erwärmen und den unteren Boden damit tränken. Den zweiten Boden darüber legen.
9 Für den Überzug die Schokolade mit Wasser und Zucker unter ständigem Rühren im Wasserbad schmelzen. Vom Herd nehmen und die Butter unterrühren.
10 Die Torte auf eine Tortenplatte setzen. Sobald die Schokolade dick wird, über die Torte gießen und mit einem Messer glatt streichen.

Die echte Sachertorte ist eine Spezialität des Hotels Sacher in Wien. Dieses weltberühmte Rezept können Sie ohne Schwierigkeiten zu Hause nachbacken.

Baisertörtchen mit Mousse au chocolat

Für 6 Personen
Backzeit: 75 Minuten
Backtemperatur: 150 °C
Abkühlzeit: 6 Stunden

Zutaten:

8 Eiweiß
165 g Zucker
125 g Puderzucker
6 Blatt Gelatine
175 g Zartbitterschokolade
75 g Butter
2 Eigelb

1 Den Ofen auf 150 °C vorheizen. 5 Eiweiß mit einem gehäuften Esslöffel Zucker zu steifem Schnee schlagen. 125 g Zucker mit dem Puderzucker mischen und unter das steif geschlagene Eiweiß geben.
2 Ein Backblech mit Backpapier auslegen. Eischnee in einen Spritzbeutel füllen und drei Kreise mit 18 cm Durchmesser aufspritzen. In den Ofen schieben und die Meringues 75 Minuten trocknen lassen. Inzwischen die Gelatine einweichen.
3 125 g Schokolade mit einem Esslöffel Wasser im Wasserbad schmelzen. Den Topf vom Herd nehmen, Butter, Eigelb und die abgetropfte Gelatine dazugeben. Das verbliebene Eiweiß mit dem restlichen Zucker aufschlagen und vorsichtig unter die Creme ziehen. Mindestens 4 Stunden im Kühlschrank fest werden lassen.
4 Die Törtchen mit einer Schicht Mousse au chocolat füllen und zusammensetzen. Eine Stunde in den Kühlschrank stellen.
5 Die restliche Schokolade mit einem Esslöffel Wasser im Wasserbad schmelzen und auf eine Marmorplatte gießen. Kleine Röllchen herstellen und die Baisertörtchen damit garnieren.

Schokoladenkuchen mit Quark

Für 10 Personen
Backzeit: 20 Minuten
Backtemperatur: 190 °C
Material: eine Kastenform

Zutaten:

*100 g Orangeat
50 g Rosinen
4 EL Rum, braun*
<u>*Für den Tortenboden:*</u>
*100 g Instantmehl
1 EL Kakaopulver
125 g Butter
2 Eier
125 g Zucker, fein*
<u>*Für den Belag:*</u>
*20 g Zartbitter-
schokolade, gehackt
2 Eier
2 EL Zucker
250 g Quark (40 % Fett)
2 EL Cointreau oder
Grand Marnier
150 ml Crème fraîche*

1 Orangeat und Rosinen 1½ – 2 Stunden in Rum einweichen.
2 Den Ofen auf 190 °C vorheizen.
3 Mehl und Kakao in eine Schüssel sieben. Butter, Eier und Zucker hinzugeben und verkneten, bis eine glatte Masse entsteht. Den Teig in die Form geben und 20 Minuten backen. Auskühlen lassen.
4 Schokolade im Wasserbad schmelzen. Eiweiß mit Zucker zu Schnee schlagen.
5 Quark, Eigelb, geschmolzene Schokolade, Likör nach Geschmack, Orangeat (etwa 2 Esslöffel für die Dekoration aufheben) und die Rosinen in einer anderen Schüssel mischen. Eischnee und Sahne vorsichtig unterziehen.
6 Den Kuchen stürzen, auf einer Tortenplatte anrichten und großzügig mit der Schokocreme bestreichen und garnieren. Mindestens 3 Stunden im Kühlschrank fest werden lassen. Mit dem zurückbehaltenen Orangeat verzieren.

Belgischer Blätterteigkuchen mit Schokoladencreme

Backzeit: 15-20 Minuten
Backtemperatur: 220 °C

Zutaten:

Für den Boden:
400 g Blätterteig, tiefgefroren
1 Ei, verquirlt
Butter für die Form

Für die Füllung:
200 g Schokolade
70 g Zucker
4 Eier
gehobelte Haselnüsse oder Mandeln,
Schokoladenröllchen oder Kirschen

1 Den Blätterteig auftauen lassen, ein Rechteck ausschneiden. An allen 4 Seiten einen 2 cm breiten Streifen abschneiden. Diese Streifen an den Rändern einer Backform festdrücken und mit Eigelb bestreichen.
2 Die Form buttern und kurz mit kaltem Wasser ausspülen. Mit dem übrigen Teig auslegen. Mit einer Gabel mehrmals einstechen. Einige Stunden ruhen lassen.
3 Den Ofen auf 220 °C vorheizen, Teig etwa 15 – 20 Minuten backen.
4 Aus dem Ofen nehmen, den Boden auf einem Kuchengitter abkühlen lassen. Inzwischen den Schokoladenüberzug vorbereiten. Die Schokolade in kleine Stücke brechen. Bei schwacher Hitze im Wasserbad schmelzen. Zucker und Eigelb dazugeben und solange rühren, bis eine glatte Masse entsteht.
5 Eiweiß zu Schnee schlagen und vorsichtig unter die Schokolade ziehen. Die Mischung über dem Kuchen verteilen, mit gehobelten Haselnüssen oder Mandeln, Schokoladenröllchen oder Belegkirschen verzieren. Erkalten lassen und servieren.

Kalte Nachspeisen

Die Mousse au chocolat gilt auch heute noch als klassisches Dessert. Aber haben Sie schon einmal eine Mousse mit weißer Schokolade zubereitet? In diesem Kapitel stellen wir Ihnen zahlreiche Rezepte für kalte Nachspeisen vor, in denen Schokolade immer die Hauptrolle spielt. Wie wäre es mit einer Birne Helene auf einer zartschmelzenden Soße? Guten Appetit!

Mousse au chocolat mit Korinthen

Für 4 Personen
Zubereitungszeit: 15 Minuten
+ 30 Minuten Einweichzeit der Korinthen

Zutaten:

60 g Korinthen
4 cl Rum, braun
150 g Zartbitterschokolade
75 g Butter
3 Eier
1½ EL Zucker
1 Schachtel Schokoladenförmchen
(im Handel erhältlich)
kandierte Kirschen
und Mokkabohnen
aus Schokolade

1 Korinthen eine ½ Stunde in Rum einweichen.
2 Schokolade in Stücke brechen und im Wasserbad schmelzen.
3 Vom Herd nehmen und unter ständigem Rühren nach und nach die Butter hinzugeben, bis eine glatte Masse entsteht.
4 Eiweiß und Eigelb trennen, Eigelb zur Schokolade geben.
5 Eiweiß mit dem Zucker zu festem Schnee schlagen. Den Eischnee unter die Schokolade ziehen und die abgetropften Korinthen untermischen.
6 Die Schokoladenmasse in einen Spritzbeutel füllen und die Schokoladenförmchen damit füllen (man kann zum Füllen auch einen Löffel nehmen). Die Törtchen mit einer Belegkirsche und einigen Mokkabohnen aus Schokolade verzieren.

TIPPS: Die Schokolade im Wasserbad mit 2 Esslöffeln starkem Kaffee auflösen. Zur Dekoration der Törtchen können Sie auch Orangeat, gehobelte, geröstete Mandeln, Walnüsse, farbige Schokolinsen oder Schokoladenstreusel verwenden.

Weiße Mousse au chocolat mit frischer Mango

Für 4 Personen
Zubereitungszeit: 10 Minuten + 6 Stunden Auskühlen

Zutaten:

150 g weiße Schokolade, gehackt
1 cl Grand Marnier
¼ l Crème fraîche

Für die Dekoration:
1 frische Mango
Schokoladenröllchen (S. 14)
einige frische Minzblättchen

1 Schokolade mit dem Likör und der Sahne schmelzen. Mindestens 6 Stunden abkühlen lassen.
2 Die Mischung mit dem Mixer aufschlagen, damit sie noch schaumiger wird.
3 Mit 2 Esslöffeln aus der Masse Eier formen und auf 4 Tellern zum Dessert anrichten.
4 Mit Mangostreifen, Schokoladenröllchen und Minzblättchen anrichten.

Karamelleis mit Amaretto-Schokoladensoße

Für 6 Personen
Zubereitungszeit: 40 Minuten
Gefrierdauer: 12 Stunden
Außerdem benötigen Sie:
6 Förmchen (je 150 ml Inhalt)

Zutaten:

175 g Zucker, fein
150 g Mandeln, gehobelt
2 Eiweiß
100 g Amaretti (oder andere Makronen)
¼ l Crème fraîche
2 EL Amaretto (Mandellikör)

Für die Soße:
200 ml Crème fraîche
½ EL Kaffee, löslich
150 g Zartbitterschokolade, gehackt
2 EL Amaretto

1 In einer Kasserolle 125 g Zucker mit 2 Esslöffeln Wasser bei schwacher Hitze zu hellem Karamell verarbeiten. Die Mandeln dazugeben. Die Mischung auf eine kalte Marmorplatte geben und hart werden lassen. Fein hacken.
2 Eiweiß mit dem restlichen Zucker zu Schnee schlagen. Die Makronen bröseln.
3 Die Sahne steif schlagen, Makronenbrösel, gehackten Karamell und 2 Esslöffel Amaretto dazugeben und vermischen. Eischnee vorsichtig unterheben.
4 Förmchen mit kaltem Wasser ausspülen, Mischung einfüllen und über Nacht einfrieren.
5 Für die Schokoladensoße die Sahne mit dem löslichen Kaffee erwärmen. Die heiße Mischung über die gehackte Schokolade geben und solange rühren, bis die Schokolade geschmolzen ist. Zum Schluss den Amaretto unterziehen.
6 Die Förmchen auf Teller stürzen, mit Schokoladensoße übergießen und mit Makronen servieren.

TIPPS: Die Förmchen lassen sich leichter stürzen, wenn Sie sie kurz ins Wasser tauchen. Falls Sie keine kleinen Förmchen haben, formen Sie einen Strang, wickeln ihn in Alufolie und frieren ihn ein. Zum Servieren das Eis in Scheiben schneiden. Sie können das Eis auch in einer Gefrierbox einfrieren und dann Kugeln abstechen.

Weiße Mousse au chocolat mit Erdbeersoße

Für 4 Personen
Zubereitungszeit: 15 Minuten + 1 Stunde zum Abkühlen + Zubereitung der Mousse au chocolat

Zutaten:

Weiße Mousse au chocolat (S. 52)
Für die Erdbeersoße:
450 g Erdbeeren
3 TL Kirschlikör
125 g Zucker
½ TL Zitronensaft
Für die Dekoration:
Weiße Schokoladenspäne,
einige frische Minzblättchen

1 Weiße Mousse au chocolat nach Rezept bereiten.
2 Für die Erdbeersoße die Erdbeeren waschen und die Hälfte der Erdbeeren in Stücke schneiden. Einige ganze Erdbeeren für die Dekoration zurückbehalten. Zur Seite stellen. Die andere Hälfte der Erdbeeren mit der Hälfte des Zuckers pürieren.
3 Erdbeerstücke und -püree in einen Topf geben und unter ständigem Rühren zum Kochen bringen. Etwa 2 Minuten kochen lassen. Vom Herd nehmen, den Likör und den Zitronensaft zugeben.
4 Die Soße in eine Schüssel gießen, erkalten lassen und 1 Stunde vor dem Servieren in den Kühlschrank stellen.
5 Gläser abwechselnd mit Erdbeersoße und weißer Mousse au chocolat füllen. Mit Folie abdecken. 1 Stunde in den Kühlschrank stellen. Kurz vor dem Servieren mit frischen Erdbeeren, weißen Schokoladenspänen und Minzblättchen garnieren.

Tiramisu

Für 12 Personen
Zubereitungszeit: 15 Minuten +
12 Stunden im Kühlschrank

Zutaten:

3 Eigelb
6 EL Zucker, fein
400 g Mascarpone (italienischer Frischkäse)
oder 200 g Mascarpone und 200 g Quark
5 cl Amaretto
6 Eiweiß
300 g Löffelbiskuit
200 ml starker
Kaffee
Kakaopulver

1 Eigelb mit Zucker schaumig schlagen. Mascarpone und Amaretto dazugeben.
2 Eiweiß zu Schnee schlagen und vorsichtig unter die Mascarponemischung heben.
3 Die Löffelbiskuits kurz in kalten Kaffee tauchen und in eine Schüssel senkrecht nebeneinander als Rand stellen. Etwas Mascarpone einfüllen, eine Schicht Löffelbiskuits waagrecht hineinlegen und den Rest der Creme darauf verteilen.
4 Die Schüssel abdecken und über Nacht in den Kühlschrank stellen.
5 Mit Kakaopulver bestreuen, kalt servieren.

TIPPS: Sie können das Tiramisu auch festlicher garnieren, beispielsweise mit großen Schokoladenröllchen (S. 14). Dieses Dessert schmeckt noch besser, wenn Sie es einen Tag vorher zubereiten.

Tiramisu stammt ursprünglich aus Norditalien und eroberte von dort aus die ganze Welt. Der Erfolg beruht auf der Kombination unterschiedlicher Geschmacksnuancen. Das Zusammenspiel von starkem Kaffee, Schokolade und Mandellikör ergibt den raffinierten Geschmack des Desserts.

Schokoladeneis

Für 1,2 Liter
Zubereitungszeit: 30 Minuten + Gefrierzeit
Außerdem benötigen Sie: eine Eisform

Zutaten:

400 ml Vollmilch
½ l Crème fraîche
1 Vanilleschote
6 Eigelb
150 g Zucker
100 g Zartbitterschokolade

1 Die Milch und die Hälfte der Sahne in einen Topf geben. Vanilleschote zufügen und bei schwacher Hitze erwärmen.
2 Eigelb und Zucker in eine Schüssel geben und unter ständigem Rühren die warme Milch zugießen. Die Mischung wieder in den Topf zurückgießen und auf den Herd stellen. Solange rühren, bis die Flüssigkeit dicklich wird. Den Topf vom Herd nehmen und abkühlen lassen.
3 Schokolade in Stücke brechen, in einem Topf mit etwas Milch schmelzen. Abkühlen lassen.
4 Die Eiermischung mit der geschmolzenen Schokolade verrühren.
5 Die restliche Sahne aufschlagen, unter die Creme geben, einfrieren.

Schokoladeneis-Sandwich

Für 8 Personen
Zubereitungszeit: 40 Minuten

Zutaten:

8 Orangen
16 Kuchenscheiben, dünn geschnitten
½ l Schokoladeneis (S. 56)
8 frische Minzblättchen

<u>Für die Orangensoße:</u>
½ Blatt Gelatine
150 ml Orangensaft
125 g Zucker
20 g Butter
2 cl Cointreau

1 Gelatine in kaltem Wasser einweichen. Orangensaft in einem Topf erhitzen.
2 Für den Karamell in einem anderen Topf Zucker mit etwas Wasser und Butter erwärmen, bis er karamellisiert.
3 Den Topf vom Herd nehmen, Orangensaft zugießen und gut unterrühren. Die Gelatine abtropfen lassen und zum Saft geben. Umrühren und durch ein Spitzsieb gießen. Kalt werden lassen, dann den Cointreau zugeben.
4 Die Orange filetieren. Mit einem scharfen Messer die Orangenspalten ohne Haut herausschneiden.
5 Die Kuchenscheiben rösten.
6 Eine Scheibe auf jeden Teller legen, eine Kugel Eis darauf geben und eine zweite Scheibe darüber legen. Den Teller mit den Orangenspalten garnieren und mit etwas Soße übergießen. Mit einem Minzblättchen die Dekoration abrunden.

Birne Helene

Für 4 Personen
Zubereitungszeit: 30 Minuten

Zutaten:

*4 Birnen (Williams oder eine andere Sorte)
2 EL Zitronensaft
150 g Zucker
½ l Weißwein, halbtrocken
1 Zimtstange
etwas Zitronenschale
8 Kugeln Vanilleeis
Puderzucker zur Dekoration*

*Für die Soße:
100 g Zartbitterschokolade
2 EL Crème fraîche
4 cl Birnenschnaps*

1 Die Birnen schälen. Mit Zitronensaft übergießen, damit sie nicht braun werden.
2 Einen Sirup aus Zucker, Wein, Zimt und Zitronenschale herstellen.
3 Die Birnen etwa 5 Minuten in den Sirup ziehen lassen, bis sie weich sind. Dann darin kalt werden lassen.
4 Die Schokolade im Wasserbad mit der Sahne und dem Birnenschnaps schmelzen.
5 Die Birnen aus dem Sirup nehmen und abtropfen lassen. Das Gehäuse entfernen. Die halbierten Birnen in Längsstreifen schneiden und fächerartig auf einem mit Puderzucker bestreuten Teller anrichten.
6 Zwei Kugeln Vanilleeis dazugeben, mit Schokoladensoße übergießen und servieren.

TIPP: Verwenden Sie keine vollreifen Birnen, da sie beim Kochen leicht zerfallen.

Jacques Offenbach komponierte eine Operette, die er „Schöne Helene" nannte. Im Anschluss an die Weltpremiere in Paris hatte ein Koch die Idee, einem Birnendessert diesen Namen zu geben.

Warme Nachspeisen

Schokoladenfondue ist eine Nachspeise, für das Sie sich wirklich Zeit zum Kosten nehmen sollten. Besonders die Kombination von frischen Früchten und Schokolade ist ausgesprochen raffiniert und wohlschmeckend. Probieren Sie aber auch die vier anderen Rezepte, die wir ausgewählt haben, um die Sinne zu verführen.

Armer Ritter mit Schokoladensoße

Für 4 Personen
Zubereitungszeit: 30 Minuten

Zutaten:

2 Eier
150 ml Milch
4 Scheiben Weißbrot
2 EL Butter
Zimt
2 EL Zucker, fein

Für die Schokoladensoße:
150 g Milchschokolade, gehackt
200 ml Milch
1 EL Butter

Für die Dekoration:
100 ml Crème fraîche
1 Beutel Vanillezucker
Zimt

1 Eier mit der Milch aufschlagen. Brotscheiben einige Augenblicke eintauchen. Butter in einer Pfanne zerlassen und das Brot von beiden Seiten darin ausbacken. Die Scheiben diagonal durchschneiden und mit einer Mischung aus Zimt und Zucker bestreuen. Zum Warmhalten mit Alufolie abdecken.
2 Die Schokoladenstücke mit der Milch in einem Topf im Wasserbad schmelzen, umrühren bis eine cremige Soße entsteht. Vom Herd nehmen und die Butter unterziehen.
3 Sahne mit Vanillezucker steif schlagen.
4 Auf jeden Teller etwas heiße Schokoladensoße geben, die halbierten Brote darauf anrichten und mit Zimt bestreuen. Mit einer Sahnerosette verzieren.

Crêpes mit Schokolade und Walnüssen

Für 4 Personen
Zubereitungszeit: 35 Minuten + 1 Stunde Ruhezeit

Zutaten:

80 g Mehl
1 Prise Salz
1 EL Vanillezucker
2 Eier
1 Eigelb
100 ml Milch
100 ml Mineralwasser
2 EL Butter, flüssig

<u>Für die Füllung:</u>
200 ml Crème fraîche
50 g Vollmilchschokolade mit Nüssen
50 g Walnüsse, grob gehackt
50 g Walnüsse, fein gemahlen
2 cl Amaretto
Puderzucker zur Dekoration

1 Einen Crêpe-Teig aus den angegebenen Zutaten herstellen. 1 Stunde ruhen lassen, dann 8 Crêpes daraus backen.
2 Die Sahne in einen Topf geben, Schokolade in Stücke brechen und dazugeben. Die Sahne unter ständigem Rühren erwärmen, bis die Schokolade geschmolzen ist.
3 Einige Minuten aufkochen lassen. Den Topf vom Herd nehmen, die Nüsse und den Amaretto zugeben.
4 Die Füllung auf dem Pfannkuchen verteilen und zusammenrollen. Mit Puderzucker bestäuben und sofort servieren.

TIPPS: Servieren Sie die Crêpes doch einmal als Festtagsdessert mit Schokoladensoße (S. 75) und einer Kugel Vanilleeis.
Die Crêpes können Sie auch mit Orangen- oder Sauerkirschmarmelade füllen. Besonders gut mit heißer Schokoladensoße dazu!

Schokoladenpudding mit Kirschen

Für 6-8 Personen
Zubereitungszeit: 90 Minuten
Außerdem benötigen Sie: eine Puddingform mit Deckel

Zutaten:

100 g Zartbitterschokolade, gehackt
3 Eier, getrennt
100 g Zucker
100 g Butter
100 g Semmelbrösel
100 g Mandeln, gemahlen
4 EL Rum, braun
Butter und Zucker für die Puddingform
<u>*Für die Vanillecreme:*</u>
¼ l Crème fraîche
1 EL Vanillezucker
<u>*Für die Dekoration:*</u>
1 Glas Kirschen (½ l)
1 EL Zucker
5 EL Rum, braun

1 Die Schokolade im Wasserbad schmelzen.
2 Eiweiß mit etwas Zucker zu Schnee schlagen.
3 Eigelb, Butter, restlichen Zucker, Semmelbrösel, gemahlene Mandeln und den Rum mischen. Die geschmolzene Schokolade unterrühren.
4 Eischnee vorsichtig unterheben.
5 Eine Puddingform mit Deckel buttern und mit Zucker ausstreuen. Zu ¾ mit der Schokoladenmasse füllen.
6 Einen großen Topf mit Wasser zum Kochen bringen und die geschlossene Puddingform hineinsetzen. Bei schwacher Hitze etwa 75 Minuten kochen lassen.
7 Inzwischen die Sahne mit dem Vanillezucker aufschlagen. Kühl stellen.
8 Kirschen mit Zucker und braunem Rum mischen.
9 Die Garprobe im Pudding mit einer Stricknadel vornehmen. Bleibt die Nadel sauber, ist der Pudding fertig. Die Form aus dem kochenden Wasser nehmen und einige Minuten abkühlen lassen.
10 Den Pudding auf eine schöne Kuchenplatte stürzen, Vanillesahne um den Pudding verteilen und mit Kirschen verzieren.

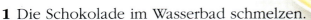

Schokoladenfondue

Für 4 Personen
Zubereitungszeit: 35 Minuten

Zutaten:

400 g Zartbitterschokolade
½ l Crème fraîche
250 g Erdbeeren oder Weintrauben
6 Kiwis
3 Pfirsiche (frisch oder in der Dose)
2 Bananen
etwas Orangen- oder Zitronensaft
250 g Aprikosenhälften (im Glas oder in der Dose)
250 g Kirschen, eingelegt
250 g Ananas (frisch oder in der Dose)
Nach Belieben: Löffelbiskuits, Makronen, Butterkekse, Madeleines (französisches Biskuitgebäck in Muschelform) oder Marshmallows.

1 Schokolade in Stücke brechen und mit der Sahne in einen Topf geben.
2 Im Wasserbad schmelzen lassen und mit einem Kochlöffel rühren, bis die Schokolade glatt und geschmeidig ist. In ein Fonduegefäß gießen.
3 Die frischen Früchte waschen und in kleine Stücke schneiden. Die eingelegten Früchte abtropfen lassen, ebenfalls in kleine Stücke schneiden.
4 Die Bananenstücke mit einigen Tropfen Zitronen- oder Orangensaft beträufeln.
5 Alle Früchte auf einem Teller anrichten. Die Biskuits und Kuchenstücke auf einem anderen Teller bereit stellen.
6 Das Schokoladenfondue auf ein Stövchen in die Mitte des Tisches stellen.
7 Jeder Gast spießt mit einer Fonduegabel ein Stück Frucht oder Biskuit auf und taucht es in die Schokolade.

TIPPS: Wollen Sie das Schokoladenfondue noch verfeinern, geben Sie zwei Esslöffel Kirschlikör, Grand Marnier, Kakaolikör oder einen anderen Likör Ihrer Wahl in die Schokolade. Sofort servieren. Sind Kinder dabei, nehmen Sie statt Alkohol einige Tropfen Orangenextrakt. Dieses Fondue können Sie je nach Saison mit allen Früchten zubereiten. Sobald empfindliche Früchte, wie etwa Äpfel, Bananen oder Birnen, geschnitten sind, sollten Sie sie mit einigen Tropfen Zitronen- oder Orangensaft beträufeln.

Schokoladentaschen

Für 4 Personen
Backzeit: 20 Minuten
Backtemperatur: 160 °C

Zutaten:

¼ l Crème fraîche
300 g Zartbitterschokolade, gehackt
2 Eier + 4 Eigelb
80 g Zucker
3 EL Wasser
Saft von 3 Orangen
2 EL Walnüsse, fein gehackt
1½ EL Pistazien, fein gehackt
1½ EL Mandeln, fein gehackt
50 g Korinthen
50 g Aprikosen, getrocknet
6 cl Grand Marnier
1 EL Butter, flüssig
8 Yufka-Teigplatten (in türkischen Läden erhältlich)
frische Pfefferminzblättchen und rote Johannisbeeren zur Dekoration

1 Die Sahne bei schwacher Hitze zum Kochen bringen und die Schokoladenstücke dazugeben. Umrühren, bis die Schokolade geschmolzen ist. Den Topf vom Herd nehmen, Eigelb und die ganzen Eier unterziehen. Einige Minuten ruhen lassen.
2 Den Zucker mit 3 Esslöffeln Wasser in einem kleinen Topf karamellisieren, Orangensaft dazugeben und bei schwacher Hitze etwa 10 Minuten aufkochen lassen. Getrocknete Früchte, Nüsse, Butter und den Grand Marnier zugeben. Gut vermischen und auskühlen lassen.
3 Den Ofen auf 160 °C vorheizen. Jeweils zwei leicht gebutterte Yufka-Platten übereinander legen. Etwas von der Schokoladenmischung dazwischen geben und wie eine Tasche zusammenklappen.
4 Die Taschen auf ein Backblech legen und bei 160 °C etwa 20 Minuten backen.
5 Eine kleine Tasche auf jedem Teller anrichten und mit karamellisierten Nüssen garnieren. Noch lauwarm, mit einem frischen Minzblättchen oder roten Johannisbeeren servieren.

TIPP: Nüsse und getrocknete Früchte können Sie durch Studentenfutter ersetzen.

Für den Kindergeburtstag

Schokoladenigel

Für 6-8 kleine Schleckermäuler
Backzeit: 30 Minuten
Backtemperatur: 180 °C

Zutaten:

3 Eier, 150 g Puderzucker
3 EL Wasser
120 g Mehl
50 g Mandeln, gehobelt
1½ Belegkirsche
2 gelbe Schokoladenpastillen
Butter für die Form

<u>Für die Schokoladencreme:</u>
125 g Milchschokolade, gehackt
1 EL Butter
⅛ l Sahne
1 TL Kaffee, löslich

1 Den Ofen auf 180 °C vorheizen. Eiweiß und Eigelb trennen. Eigelb mit Zucker und dem lauwarmen Wasser aufschlagen.
2 Mehl über die Schüssel sieben und unter die Eimasse heben.
3 Eiweiß steif schlagen und vorsichtig unterziehen. Eine runde Form buttern und mehlen.
4 Den Teig in die Form geben und bei 180 °C eine halbe Stunde backen.
5 Den Kuchen stürzen, erkalten lassen und in Form eines Igels zurechtschneiden.
6 Für die Creme die Schokolade mit der Butter im Wasserbad schmelzen. Vom Herd nehmen und die Sahne und den löslichen Kaffee unterrühren.
7 Mit einem Spatel den Kuchen mit der Schokoladencreme überziehen. Mit gehobelten Mandeln zu einem Igel verzieren. Die Belegkirsche als Nase einsetzen, die gelben Schokolinsen als Augen.

Abendessen unter Freunden

Dieses Rezept ist original mexikanisch und wird in verschiedenen Abwandlungen zubereitet. Im Allgemeinen wird Hühnchen oder Truthahn als Grundlage verwendet. Um der Soße Schärfe zu geben, nimmt man hauptsächlich Paprikaschoten, verschiedene aromatische Kräuter sowie Gewürze, Knoblauch, Zwiebeln, Tomaten und – ganz wichtig – Schokolade.

Aztekisches Geschnetzeltes

Zubereitungszeit: etwa 1 Stunde
Für 8-10 Personen

Zutaten:

6 EL Schweineschmalz oder Butter
1 großer Truthahn, in Würfeln
½ l Wasser, leicht gesalzen
1 Zwiebel, groß, fein gehackt
4 Knoblauchzehen, gehackt
3 schöne Tomaten
6 Paprikaschoten (2 rote, 2 grüne, 2 gelbe)
1 EL Sesamsamen, geröstet
2 EL Korinthen, 2 Lorbeerblätter
1 Msp. Thymian, Majoran und Koriander
½ TL Zimt, ½ TL Anissamen
Salz, Pfeffer
60 g Zartbitterschokolade, gerieben

1 3 Esslöffel Schweineschmalz oder Butter in einer großen Pfanne erhitzen und die Truthahnstücke von allen Seiten darin anbraten.
2 Salzwasser zum Kochen bringen und über das Fleisch gießen.
3 Für die Soße die Zwiebeln und den Knoblauch mit 3 Esslöffeln Schmalz anbraten. Die geschnittenen Tomaten dazugeben und bei schwacher Hitze einkochen lassen.
4 Die Paprikaschoten fein hacken und zu den Tomaten geben, ebenso die Sesamkörner, die Korinthen, die Kräuter und Gewürze.
5 Diese Mischung zum Fleisch geben, falls nötig etwas Wasser zugießen und etwa eine ½ Stunde köcheln lassen. Direkt vor dem Servieren die geriebene Schokolade zugeben.

Für Ostern

Schokoladenbavarois mit Pfirsichsoße

Für 6-8 Personen
Zubereitungszeit: 40 Minuten + Kühlzeit
Außerdem benötigen Sie: eine Puddingform (Inhalt 1 l)

Zutaten:

5 Blatt Gelatine, weiß
100 g Zartbitterschokolade
¼ l Milch
2 Eigelb
90 g Zucker
2 Eiweiß
¼ l Crème fraîche
etwas Öl für die Form

Für die Soße:
150 g Pfirsich (in der Dose)
1 EL Zucker
etwas Pfirsichlikör oder Grand Marnier
Für die Dekoration:
Pfirsichhälften
gehobelte, geröstete Mandeln

1 Die Gelatine in kaltem Wasser einweichen. Die Schokolade in Stücke brechen und im Wasserbad mit der Hälfte der Milch schmelzen. Eine Puddingform ölen.
2 Eigelb mit der Hälfte des Zuckers und etwas Milch in einer Schüssel aufschlagen.
3 Restliche Milch mit dem restlichen Zucker aufkochen. Gut vermischen und in die Eigelbmischung gießen. Die geschmolzene Schokolade zugeben und bei schwacher Hitze weiter köcheln lassen, bis die Masse dicklich wird.
4 Gelatine abtropfen lassen, unter die Bavarois mischen, abkühlen lassen.
5 Eiweiß zu steifem Schnee schlagen, dann die Sahne aufschlagen und abwechselnd unter die Creme heben, dass eine leichte, cremige Masse entsteht.
6 Diese Mischung in die geölte Form geben, die Oberfläche glatt streichen und im Kühlschrank fest werden lassen.
7 Pfirsiche mit Zucker mischen, durch ein Sieb streichen und mit etwas Likör abschmecken.
8 Die Bavarois auf eine schöne Kuchenplatte stürzen, Pfirsichhälften darumlegen und die Pfirsichsoße darüber gießen. Mit gehobelten Mandeln verzieren und restliche Pfirsichsoße dazu servieren.

TIPPS: Statt Pfirsichsoße und -hälften können Sie auch Eierlikör verwenden. Den Likör mit etwas Sahne mischen und um die Bavarois herum auf die Kuchenplatte gießen. Mit Schokoladenspänen verzieren.
Sehr gut passt Passionsfruchtsoße. Das Fruchtfleisch mit einem Schuss Weißwein (lieblich) und Puderzucker pürieren. Mit leicht geschlagener Sahne abrunden.

Für Weihnachten

Spekulatius-Mascarpone-Kuchen

Ergibt 16 Stück
Zubereitungszeit: 1 Stunde + 12 Stunden zum Abkühlen
Außerdem benötigen Sie: eine Springform (Durchmesser 26 cm)

Zutaten:

200 g Spekulatius oder andere Kekse
100 g Süßrahmbutter oder Margarine

Für die Creme:
6 Blatt Gelatine
500 g Mascarpone
500 g Quark (Magerstufe)
200 g Zucker
4 EL Honig, flüssig
1 EL Kakao
½ l Sahne
Kakao und gehackte Mandeln für die Garnierung

1 Die Kekse in Stücke brechen, in einen Plastikbeutel geben und mit dem Rollholz zerkleinern. Die Brösel mit der Butter vermischen. Diese Mischung auf dem Boden der Form verteilen. Mit Fingern glatt drücken. Die Form in den Kühlschrank stellen.
2 Für die Creme die Gelatine in kaltem Wasser einweichen. Mascarpone, Quark und Zucker verrühren, bis der Zucker sich aufgelöst hat. Honig und Kakao zugeben.
3 Gelatine abtropfen und in einen Topf geben. Bei schwacher Hitze auflösen. Den Topf vom Herd nehmen und einen Teil der Quarkmischung unterrühren. Nun die Gelatine-Quarkmischung in die verbliebene Quarkmischung geben. ¼ l Sahne steif schlagen und unter die Mischung heben.
4 Die Quarkcreme auf dem Keksboden verteilen und die Oberfläche glatt streichen. Mindestens 12 Stunden in den Kühlschrank stellen.
5 Die Ränder vorsichtig mit einem spitzen Messer lösen und den Kuchen aus der Form nehmen.
6 Verschieden große Sterne aus Kartonpapier zuschneiden, auf den Kuchen legen und Kakaopulver darüber sieben. Die Sterne wegnehmen.
7 Die verbliebene Sahne aufschlagen und in einen Spritzbeutel füllen. Den Kuchenrand mit der Sahne und den gehobelten Mandeln verzieren

Warme Getränke

Es gibt nichts Wohltuenderes als eine heiße Tasse Schokolade, um sich nach einem Winterspaziergang wieder aufzuwärmen oder um sich nach einem Arbeitstag zu entspannen. Natur oder verfeinert mit einem Schuss Alkohol, als dunkle Schokolade oder als weiße Schokolade, sie ist immer ein Genuss!

Heiße Schokolade
Ergibt 1 Tasse
Zutaten:
1 Tasse Vollmilch
1½ TL Kakaopulver
1 EL Zucker
Für die Dekoration (nach Belieben):
Schlagsahne, Schokoladenröllchen

Die Milch in einem Topf erhitzen. Zwei Esslöffel Milch abnehmen, mit Kakaopulver und Zucker vermischen und glatt rühren. Diese Mischung in die heiße Milch geben. Kräftig rühren, dabei darf die Milch nicht kochen. Die heiße Schokolade in eine große Tasse gießen, mit einer Sahnerosette, Schokoladenspänen oder -streuseln verzieren und servieren.

Heiße Schokolade in weiß
Ergibt 1 Tasse
Zutaten:
1 Tasse Vollmilch
45 g weiße Schokolade, gerieben
1 TL Vanillezucker
Für die Dekoration (nach Belieben):
Schlagsahne, 1 Prise Zimt

Die Milch in einem Topf vorsichtig erwärmen. Geriebene weiße Schokolade und Zucker einrühren. Eventuell mit einer Sahnerosette verzieren, mit Zimt bestäuben.

Espresso mit Schokolade und Rum
Ergibt 1 Tasse
Zutaten:
¼ Tasse Espresso oder starker Kaffee
¼ Tasse Schokolade (Rezept s. oben)
2 EL Rum, braun
1 EL Kakaolikör
Für die Dekoration (nach Belieben):
Schlagsahne, Schokoladenröllchen oder -streusel

Den Espresso in einem Topf bei schwacher Hitze erwärmen, heiße Schokolade, Rum und Kakaolikör dazugeben. Unter Rühren erhitzen, aber nicht aufkochen. Den Schokoladenespresso in ein feuerfestes Glas gießen, mit Sahnerosette, Schokoladenröllchen oder -streuseln servieren.

Kokos-Schokolade mit Rum
Ergibt 1 Glas
Zutaten:
1 EL Kokosraspel
4–6 TL Kakaopulver
1 EL Zucker, 100 ml Milch
3 EL Kokosmilch
3 EL Rum, braun
2–3 EL Schlagsahne
1 Riegel Schokolade zur Garnitur

Kokosraspel in einer Pfanne ohne Fett leicht anrösten. Eine heiße Schokolade mit Kakaopulver, Zucker, Milch und Kokosmilch zubereiten. Den Rum hinzufügen und die Mischung in ein feuerfestes Glas geben. Mit einem Sahnehäubchen verzieren, mit Kokosraspeln bestreuen und mit einem Schokoladenriegel servieren.

Soßen

Schokoladensoße

Zutaten:
250 g Zartbitterkuvertüre
¼ l Crème fraîche (40 % Fett)

Grundrezept
Kuvertüre in Stücke brechen. Sahne in einen Topf geben. Zum Kochen bringen und sofort über die Schokoladenstücke geben. Gut vermischen.

TIPPS: Diese Grundmischung können Sie vielfältig abwandeln, etwa mit Kaffee-Extrakt, Vanillearoma, Orangensaft, Zimt, kandiertem Ingwer oder starkem Alkohol.

Heiße Schokoladensoße mit Vanille und Honig

Zutaten:
¼ l Sahne
30 g Honig
½ Vanilleschote
200 g Zartbitterkuvertüre

Die Sahne mit dem Honig und einer Vanilleschote zum Kochen bringen. Die Vanilleschote heraus nehmen, das Mark auskratzen und unter die Creme mischen. Die Schokolade in Stücke brechen und im Wasserbad schmelzen. Die flüssige Schokolade unter ständigem Rühren in die Creme geben und sehr heiß servieren.

Wissenswertes

Seit jeher wird Schokolade mit der Liebe in Verbindung gebracht. Koffein und Zucker gelten als anregend, und nicht ohne Grund versicherte der große Verführer Casanova, dass sein Erfolg bei den Frauen auf die großen Mengen Schokolade zurückzuführen sei, die er täglich zu sich nahm. Als Geschenk gelten Pralinen als ein Symbol von Gefühl und/oder Liebe. Ihren Namen verdanken sie übrigens der Herzogin Plessis-Pralin.

Ein Stück (10 g) dunkle Schokolade hat 50 Kalorien. Es gibt Abhängigkeit von Schokolade genauso wie von Kaffee, Zigaretten oder Alkohol. Fast 40 % der Frauen und 20 % der Männer haben ein unwiderstehliches Verlangen nach Schokolade. Diese Anziehung entsteht durch Zucker und Fett, zwei Zutaten, die ein gewisses Wohlbefinden auslösen. Außerdem gilt die Schokolade als Kraftspender und Nervennahrung. Ein Grund mehr Schokolade zu essen. Schokolade enthält 20 mg Koffein pro 100 g. Eine Tasse Kaffee enthält 180 mg. „Von Schokolade bekommt man Hautunreinheiten." Dieses Ammenmärchen kann man getrost vergessen, denn es gibt keinen wissenschaftlichen Beweis, der einen Zusammenhang zwischen dem Verzehr von Schokolade und Pickeln nachweist.

1995 wurde in Paris der erste „Salon du chocolat" eröffnet. 5000 Quadratmeter waren ganz allein der Schokolade gewidmet. Es war ein Erfolg wie er im Buche steht. Seit März 1996 kann man Brüssel einen Schokoladentempel, der von Côte d'Or verwirklicht wurde, besichtigen. Die Kinder lernen hier die Geschichte der Schokolade kennen und entdecken viele Neuigkeiten über diese Süßigkeit. Durch die wunderschöne Dekoration werden sie auf eine abenteuerliche Reise in das Land der Märchen entführt. Und man kann sogar probieren, soviel man will! Neu auf dem Markt ist der Schokoladenlikör. Man kann damit Desserts verfeinern, Cocktails abrunden oder mit einem Gläschen ein gutes Essen abschließen.

TIPPS:

- Schokolade an einem kühlen, trockenen und dunklen Ort aufbewahren, aber nicht im Kühlschrank. Dunkle Schokolade und Milchschokolade hält sich auf diese Weise problemlos ein Jahr. Weiße Schokoladen sollte man innerhalb von 8 Monaten aufbrauchen.

- Der feine, weiße Überzug, der sich manchmal auf der Schokolade findet, ist ausgetretene Kakaobutter. Der Geschmack wird zwar dadurch etwas beeinträchtigt, das heißt aber nicht, dass die Schokolade schimmlig ist.

- Der starke, bittersüße Geschmack der Schokolade scheint nicht mit Wein vereinbar zu sein. Jedoch Likörweine, beispielsweise Portwein, passen sehr gut zu Schokolade. Der ideale Partner für Schokolade, der bei uns aber nur selten auf dem Markt zu finden ist, ist beispielsweise der Banyuls, ein roter Dessertwein aus dem Roussillon.

Register

Amerikanischer Walnusskuchen	34
Armer Ritter mit Schokoladensoße	61
Aztekisches Geschnetzeltes	69
Baisertörtchen mit Mousse au chocolat	46
Baisertörtchen mit Sahnefüllung	42
Belgischer Blätterteigkuchen mit Schokoladencreme	49
Birne Helene	59
Crêpes mit Schokolade und Walnüssen	62
Espresso mit Schokolade und Rum	74
Exotische Passionsfrucht-Schokoladen-Törtchen	39
Früchte mit Schokoladenglasur	27
Heiße Schokolade	74
Heiße Schokolade in weiß	74
Heiße Schokoladensoße mit Vanille und Honig	75
Himbeer-Schokoladen-Törtchen	43
Italienischer Schokoladenkuchen	36
Karamell-Schokoladentorte	44
Karamelleis mit Amaretto-Schokoladensoße	53
Knusperkekse mit Schokolade	17
Kokos-Schokolade mit Rum	74
Makrönchen	21
Mandeltaler	19
Marmorkuchen mit Sauerrahm	32
Miniwindbeutel mit Vanilleeis	41
Mousse au chocolat mit Korinthen	51
Orangenmarzipan mit Schokolade	24
Österreichischer Mandelkuchen	30
Pfefferminzpralinen	25
Pralinen mit Kokoscremefüllung	23
Sachertorte	45
Schokoladen-Mandel-Soufflee	37
Schokoladen-Nuss-Kuchen	29
Schokoladenbavarois mit Pfirsichsoße	70
Schokoladeneis	56
Schokoladeneis-Sandwich	57
Schokoladenfondue	64
Schokoladengugelhupf mit Vanillecremefüllung	31
Schokoladenigel	168
Schokoladenkuchen mit Kirschcremefüllung	35
Schokoladenkuchen mit Quark	47
Schokoladenkuchen mit Sahnefüllung	33
Schokoladenpudding mit Kirschen	63
Schokoladensoße	75
Schokoladentaschen	67
Schokoladentörtchen mit weißer Schokoladensoße	40
Spekulatius-Mascarpone-Kuchen	73
Tiramisu	55
Trüffel	22
Vanillesoße	75
Walnussecken	18
Weiße Mousse au chocolat mit frischer Mango	52
Weiße Mousse au chocolat mit Himbeersoße	54
Zabaione	75
Zimt-SchokoladeBögen	20